El envés del tapiz

Alberto Manguel

# El envés del tapiz

Notas sobre el arte de traducir

**Alianza** editorial
El libro de bolsillo

Título original: *The Backside of the Tapestry. Notes on the Art of Translation*

Primera edición: octubre de 2025

Diseño de colección: Estrada Design
Diseño de cubierta: Manuel Estrada
Fotografía de Luis Moreno y Miguel S. Moñita

© Alberto Manguel, 2025
   c/o Schavelzon Graham Agencia Literaria
   www.schavelzongraham.com
© Alianza Editorial, S. A., Madrid, 2025
   Calle Valentín Beato, 21
   28037 Madrid
   www.alianzaeditorial.es

PAPEL DE FIBRA
CERTIFICADA

ISBN: 979-13-7009-059-3
Depósito legal: M-12910-2025
Printed in Spain

# Índice

*Al morisco anónimo que acabó en un mes y medio en la casa de Cervantes la traducción de* Don Quijote *de Cide Hamete Benengeli, y solo recibió por su ardua labor dos arrobas de pasas y dos fanegas de trigo.*

# Prólogo

No hay lenguaje sin engaño.

ITALO CALVINO, *Las ciudades invisibles.*

De niño tardé mucho en darme cuenta de que existía una cosa llamada «traducción». Mis primeras lenguas fueron el inglés y el alemán que me enseñó mi nodriza checa; aprendí español más tarde, a los ocho o los nueve años. Durante toda mi infancia utilicé esas lenguas indistintamente, sin privilegiar ninguna, y nunca las vi como comarcas aisladas con fronteras precisas que yo debía cruzar, si quería hablar con ciertas personas. La lengua era para mí una especie de Babel compuesta de varios conjuntos de palabras distintas en importancia y sonido, pero iguales en sentido y valor. Sabía que debía utilizar ciertas palabras para hablar con, por ejemplo, el cocinero de Múnich, palabras diferentes a las que utilizaba con un visitante inglés, pero nunca tuve la sensación de estar llevando una idea de un reino lingüístico a otro. En mi infancia no existían pasaportes semánticos, ni tampoco identidades nacionales. No sabía que este problema no era igual para todos, hasta que un día, en mi escuela en Buenos Aires, inseguro de mi español, me dirigí a mi maestra en inglés y recibí una severa reprimenda. Así aprendí que sí existen las fronteras lingüísticas y que yo debía respetarlas, pero nunca he podido acostumbrarme a esta despótica ley. Las crónicas de Vasco Pratolini descubiertas durante mi adolescencia en las traducciones españolas de Attilio Dabini; la extravagante y mutilada versión que hizo Isabel Florence Hapgood de las *Almas muertas*, de Gogol, publicadas en inglés con el título de *Home Life in Russia*; la novela clásica china *El sueño del pabellón rojo* en la erudita versión alemana del doctor Franz Kuhn; todas ellas pertenecían a la lengua en la que yo las leía. Mi despreocupación por el rigor académico enriqueció mi biblioteca de libros en inglés, alemán y, más tarde, en español, francés, italiano, portugués.

Ser capaz de hablar varias lenguas tiene sus ventajas porque favorece una visión del mundo más generosa que la habitual. Los neurólogos dicen que cuando un niño aprende una segunda lengua antes de los seis años, se crea en su mente un espacio, una senda, que facilita el aprendizaje de otras. Es decir, en la mente del niño la palabra que emplea para nombrar al animal que ve ya no es «perro» (si es hispanoparlante), sino una de las muchas que abarcan la denominación de la peluda criatura. Para el niño políglota, «*Hund*», «*dog*», «*chien*», «*cane*» son los nombres perfectamente equivalentes e intercambiables del animal, salvo que requieren un contexto lingüístico diferente, como yo mismo aprendí, con humillación, aquel lejano día en la escuela. Utilizamos una palabra concreta para un diálogo preciso, y debemos cambiarla cuando cambia nuestro interlocutor, como sabemos pasar de «buenos días» a «buenas noches» dependiendo del momento. El sentido de las palabras del saludo es el mismo, solo cambia la luz que las rodea.

Cuando comprendí que la traducción era posible, empecé a traducir algunos textos que me gustaban porque me apetecía compartirlos con amigos que no hablaban las lenguas en las que yo los leía. Era para mí un acto gratificante porque, como todo lector sabe, cuando uno descubre un texto que lo apasiona, siente la necesidad de compartirlo con otros, de salir corriendo para agarrar a un amigo por las solapas y gritarle: «¡Tienes que leer esto!». La lectura es una actividad que comienza en un encierro solitario y muchas veces acaba convirtiéndose en una experiencia comunal.

Traducir puede ser (debe ser) la forma más perspicaz de leer, pues, más que en la elaboración de un texto original, el traductor debe contar con el lector para quien se ha traducido. A causa de esta responsabilidad transferida, el traductor no puede (o no debería) volver sobre la obra original una vez terminada la traducción. El lector es quien ha de empezar a partir de ese punto preciso. Para el lector de una traducción, el original ya no debe existir.

Puede que el mito de Orfeo tenga algo que ver con la traducción. Como conductor de Eurídice muerta, Orfeo pierde a su bienamada cuando se vuelve a mirar si de verdad ella lo sigue. Orfeo sabe que, cuando el autor ha terminado su tarea, el texto queda en un estado de animación suspendida hasta que un lector como Orfeo lo rescata del Reino de los Muertos. El milagro de traducir es un acto de resurrección. Orfeo debería haber confiado en el mágico poder de su oficio.

Ismail Kadaré sugirió, en una de sus novelas, que los dioses nunca tuvieron la intención de permitir que Eurídice abandonara el Reino de los Muertos, pero se lo prometieron a Orfeo si cantaba para ellos, porque sabían que el poeta no resistiría la tentación de volver la mirada. Eurídice no desapareció: nunca estuvo detrás de Orfeo porque los dioses no le dejaron que lo siguiera. Los dioses querían oír las maravillosas canciones de Orfeo y concibieron esta trampa, conociendo la falta de fe del artista. La traslación de Eurídice fue una traición, una mentira, como lo es en última instancia toda traducción. El original no puede rescatarse de entre los muertos; a lo más que puede aspirar el traductor es a concebir de nuevo a Eurídice traducida a otras palabras que llorarán para siempre su pérdida. Toda traducción es elegía.

# 1. Perfecto

El arte nace porque todo lenguaje está condenado al fracaso.

Balzac cuenta la historia de un pintor que, obsesionado por lograr una obra maestra perfecta, repasa una y otra vez su pintura hasta que al final no queda en la tela más que una masa de colores emborronados. Al contrario que la «perfecta» visión de los ojos de la mente, cuando se trata de la ejecución de un arte las visiones perfectas están condenadas a la imperfección. Soñamos con lograr ese algo perfecto en todos los sentidos, forma, color, música y palabras. Nunca lo conseguimos. Pero precisamente porque no es posible llegar al estado de «perfección», el arte admite un participante secreto: un espectador, un oyente, un lector, que ayude a perfeccionar la obra.

El arte de la traducción les recuerda a los lectores que no hay lectura «perfecta». Sabemos que todo texto literario existe en el momento de su nacimiento, para luego entrar en una especie de hibernación, que es solo algo en ciernes hasta que llega un lector para insuflarle vida, una vida que refleja la variedad de la experiencia y el entendimiento del propio lector.

El Balzac leído por Freud no es el Balzac leído por Marx.

Incluso dentro de una misma lectura, en una misma lengua, las palabras contienen más significados de los que un lector cualquiera puede asimilar al mismo tiempo. En español, *bala* se refiere tanto a un proyectil como al sonido que emiten las ovejas. En inglés, *fast* significa moverse con rapidez y también quedarse quieto. En francés, *le ton* denota tanto una cualidad del sonido como una cualidad del color. En italiano, *piano* es un adverbio que significa «lentamente» y un nombre que significa «proyecto» de un edificio. En japonés, la palabra *sei* significa por lo menos veintiocho cosas, todas ellas distintas y definibles. De hecho, ninguna palabra en ninguna lengua traduce un único significado, sino toda una antología de significados.

En griego, antología significa «ramo de flores».

# 2. Santo

Según la *Leyenda dorada*, san Marcos escribió su Evangelio tal cual lo oyó de labios de su maestro, san Pedro, y éste, después de examinar el texto escrito sin encontrar ningún error, lo aprobó para instruir a la cristiandad. En ese sentido, el Evangelio de Marcos no es una composición original, sino una versión escrita de las palabras de Pedro, que a su vez eran una traducción de la voz del Espíritu Santo.

Toda traducción es un traslado.

En la Edad Media, *traslatio* era el acto de mover las reliquias de un santo de un lugar a otro: traducción como desplazamiento, como devolución de su naturaleza nómada a un signo, como desarraigo de una cosa sagrada del sitio en el que se halla para reubicarla en otro terreno... Traducción como movimiento, traducción como exilio. Igual que los portadores de reliquias, los traductores arrancan un texto de su apariencia externa y lo trasplantan al suelo de otra lengua. El nuevo contexto transforma y al mismo tiempo preserva el texto, le brinda una piel nueva: traducción como metáfora. Metáfora en griego y traducción en latín son la misma palabra.

La *traslatio* de los restos sagrados era algunas veces una *furta sacra*, un robo de reliquias. En 828, los venecianos les robaron a los egipcios de Alejandría el cuerpo de san Marcos para conducirlo a su ciudad bajo un cargamento de carne de cerdo que los aduaneros musulmanes se negaron a tocar. Y así, Venecia se enriqueció.

Los traductores, como los ladrones, se apropian de lo que no es suyo para enriquecer a su reino.

Piratería en nombre de patriotismo.

# 3. Calma

¿Perturba el traductor el texto?

Un texto existe en un estado de inquietud constante. Atrapado en los márgenes de la página, solo escapará gracias a sus lectores, que le permitirán correr libremente por su paisaje imaginativo: sus únicos límites serán los del sentido común del lector. A los ojos del traductor, un texto puede convertirse en una multitud de cosas: la prosa puede hacerse poesía; el discurso político puede hacerse ficción; la ficción, teología; las memorias íntimas, historia oficial; la historia oficial, fábula. El lector (o el traductor) transforma el texto indefinidamente, una capa de piel tras otra. El traductor sustituye un estado de inquietud por otro. La elección del traductor nunca puede ser la definitiva.

El texto solo alcanza un estado de serenidad mediante la lectura. Después de que el autor haya aca-

bado sus embates amorosos y lo señale con la palabra *FINIS*, y antes de que el traductor coja el libro y
lo abra con un gesto erótico para que las palabras
ardan otra vez con una nueva pasión, el texto repo-
sa en un estado de animación suspendida, inmóvil
en su féretro de cristal como una Bella Durmiente.
El papel del traductor es el del príncipe que la despierta.

En un relato incluido en la antología medieval ja-
ponesa *Konjaku monogatari shu* se habla de un
hombre que, en su juventud, vio un objeto escarlata
que flotaba río abajo. Al recogerlo comprobó que
era una hoja de palosanto enrojecida por la escar-
cha y que contenía un poema. Deslumbrado por la
belleza de los versos, el joven se quedó prendado y,
puesto que no sabía cómo empezar una relación
amorosa con el desconocido autor, compuso una
versión distinta del poema usando las mismas ri-
mas, la copió en otra hoja y la depositó en el agua
para que la corriente se la llevara.

Entre la inquietud amorosa que inspiró el primer
poema y la inquietud amorosa que inspiró la respuesta, las dos hojas que flotaban en el río devolvie-
ron al poema (y a su traducción) un estado de calma
expectativa.

# 4. Naturaleza

Hacia la mitad del *Symposium* de Platón, Aristófanes explica que los primeros humanos fueron criaturas andróginas dotadas de un cuerpo perfectamente esférico, con cuatro piernas, cuatro brazos, dos caras y dos conjuntos de órganos sexuales, unas veces mujeres, otras hombres, y otras ambas cosas. Su fuerza y su arrogancia eran tales que amenazaban con ascender hasta el cielo y atacar a los propios dioses. Para prevenirlo, Zeus los cortó por la mitad. Desde entonces, cada una de esas mitades busca la parte amputada.

Al igual que aquellas primeras criaturas humanas, todo texto es al principio un ser único, hasta que los ojos divisores del lector lo pluralizan. En el acto de la creación, el texto está solo, replegado en sí mismo, y es responsable de su propia coherencia. Confrontado con el lector, el texto comienza a existir también del otro lado de la página, dividido en dos: por un lado, el original; por otro, el texto leído, interpretado y traducido. Igual que los seres divididos de Aristófanes, los textos separados anhelan reunirse. Las palabras escritas buscan las palabras leídas: un vocabulario llama a las cosas con una cierta voz, el otro vocabulario con otra.

En el relato de Platón, los primeros humanos no están definidos por el sexo. Divididos, cada parte se ve obligada a definirse sexualmente enfrentada a la otra, como cada lengua se define a sí misma enfrentada a las otras lenguas más allá de los límites de su geografía semántica. Con el tiempo, las lenguas adquieren conciencia de existir en relación con las demás, de modo que cada palabra que decimos lleva, implícita o explícitamente, una cacofonía extranjera de supuestos equivalentes, todos compitiendo entre sí por las palabras más acertadas.

Para hablar de amor, Sócrates le dice a Aristófanes, no debemos prestar atención a la belleza de las palabras, sino a su verdad.

# 5. Puro

En la decimoséptima noche del mes de Ramadán del año 610, un comerciante de mediana edad, felizmente casado, se halló en una cueva en la falda del monte Hira, cerca de La Meca. Dormía, cuando de repente oyó una voz que le ordenaba recitar. Incapaz de hablar, el comerciante se quedó en silencio. De nuevo, la voz ordenó: «¡Recita!». Y de nuevo, el comerciante no dijo nada. Por tercera vez la voz ordenó: «¡Recita! ¡En el nombre de Dios tu Señor, que creó al hombre de una gota de sangre, recita! Tu Dios es el Misericordioso, aquel que mediante la pluma enseñó al hombre lo que este desconocía». Esta vez, incapaz de resistirse, Mahoma recitó el primer verso del Corán.

Dictado por el propio Dios, el Corán es uno de los atributos divinos, como su omnipresencia y su omnisciencia. Escrito en la antigua lengua árabe, es la representación física de otro Corán oculto que los místicos llaman la Madre de los Libros. Como el Corán es inimitablemente puro, no puede reproducirse ni en ninguna otra lengua ni de ninguna otra forma, y puesto que fue revelado a Mahoma en árabe, solo puede recitarse en ese idioma.

Un texto puro no puede existir como tal en otra lengua; solo puede interpretarse o glosarse en versiones extranjeras en las que se atribuye un número de significados diferentes a las palabras originales. El Sagrado Corán en una lengua distinta al árabe no puede llamarse «Sagrado Corán», sino solo «Interpretación del Sagrado Corán».

La pureza incita a la agresión. Las primeras traducciones del Corán se hicieron para rechazarlo. En el siglo IX, Nicetas de Bizancio, un estudioso de Constantinopla, llevó a cabo una traducción al griego, con el título de *Refutación del Corán*. Tres siglos más tarde, Robert de Ketton, a pedido del abad de Cluny, hizo una traducción al latín, que llamó *Lex Mahumet pseudoprophete* («La Ley de Mahoma, el falso profeta»), en la que malinterpretaba deliberadamente algunos pasajes para facilitar su crítica. Cuando la obra de Ketton se publicó en el siglo XVI, llevaba un prólogo de Martín Lutero.

En una lengua que no es la suya, un texto nunca puede aspirar a la pureza.

# 6. Nombre

En el monte Horeb, según el libro del Éxodo, se le apareció a Moisés un ángel en medio de una zarza ardiente cuyas llamas no la consumían. Pasmado, Moisés se acercó para contemplar la maravilla y la voz de Dios le habló desde el fuego para decirle que se quitara las sandalias porque pisaba suelo sagrado. Entonces Dios le dijo que su nombre era Yahvé, para que Moisés pudiera saber quién le hablaba.

Los eruditos han debatido largamente la traducción del nombre de Dios. Algunos traducen *Aquel que es*, otros *Yo, el que soy* o *Yo soy el que soy* e incluso *Nos, los que somos los que somos*. Los comentaristas del Talmud explican que Dios solo es equivalente a sí mismo, que es otra forma de decir que su nombre es *El que lo es Todo* o, como le dijo Ulises a los cíclopes, «*Yo soy el que no es nadie*», ya que Dios en su totalidad no puede ser una sola cosa, ni siquiera su totalidad. No cabe duda de que en el léxico de Dios todo y nada son sinónimos. Para los sabios de la Cábala, apasionados de la etimología hebrea, Yahvé significa *El que sopla para que las cosas caigan*, como si Dios fuera su propio vendaval, determinado a destruir su propia obra.

Curiosamente, tales soluciones no satisfacen del todo. Quizá por eso, los talmudistas juzgan que hallar una traducción precisa del nombre de Dios sería aproximarse al conocimiento inefable de su velada e incomprensible naturaleza. «Si lo conociéramos, seríamos Él», escribió José Albo, filósofo del siglo XV.

Pero esta historia tiene una nota al pie.

Cuando Moisés oyó que Dios le hablaba y le decía que instruyera al pueblo de Israel, adujo ignorancia y falta de elocuencia. «Soy torpe de boca y se me traba la lengua». «¿Quién ha dado al hombre la boca? —le preguntó Dios con cierta vanidad—. ¿O quién hizo al mudo y al sordo, al ciego y al que ve? ¿No soy por ventura yo, Yahvé? Ve, pues. Yo estaré en tu boca y te enseñaré lo que has de decir».

Esta es la iluminación que los traductores esperan, que el Nombre que es Todo (o Nada) les ayude a comprender algo del significado del texto recibido, algo que ellos, a pesar de sus modestos dones, puedan poner en palabras creíbles para que nosotros las leamos.

# 7. Semilla

La diosa Atenea necesitaba una cierta arma y le pidió a Hefesto, el dios herrero, que se la fabricara. Hefesto le respondió que se la fabricaría por amor. Atenea estuvo de acuerdo pero cuando entró en el taller, Hefesto intentó violarla. La diosa huyó, pero el dios consiguió atraparla y, en la lucha, vertió su semen en el muslo de ella. Asqueada, Atenea se limpió con un trozo de lana que luego arrojó al suelo. Así el semen de Hefesto fecundó accidentalmente a la Madre Tierra. Cuando nació el niño, la Madre Tierra lo rechazó y Atenea le dio el nombre de Erictonio o «lana de la tierra».

¿Qué había ocurrido?

Hefesto, el artífice, deseaba hacer el amor con la diosa de la razón, pero esa unión es imposible: la razón se encuentra siempre fuera del alcance del arte, por mucho afán que ponga el arte en abrazarla. Aunque Atenea admiraba y entendía las obras de Hefesto (Atenea es la patrona de las artes y los oficios), jamás se habría dejado poseer enteramente por su arte. De haber sido así, ya nunca volvería a ser Atenea, nacida de la cabeza de Zeus.

Es en las grietas de la Madre Tierra donde el artista puede crear su obra, pero el suyo es un amor no correspondido. La Tierra solo reconoce su propia creación y rechaza todo lo demás. Por eso erosiona, derrumba y arrastra nuestras obras con el viento y el agua. Como lamentaba Platón, el arte no es realidad, es solo una sombra de la verdad, nacida del derrame del artista.

La traducción tiene algo de ese método de concepción poco tradicional. Cuando se intenta reproducir un texto en otra lengua, el traductor violenta el original y su semilla cae en el suelo. Rechazado como retoño natural, el intelecto de Atenea debe redimirlo y darle un nombre.

Los traductores son donantes de esperma. La palabra viene del griego *sperma*, «semilla», que a su vez deriva de *speirein*, «sembrar o esparcir».

# 8. Política

Leemos lo que queremos leer. La adivinación y el arte de traducir están estrechamente relacionados, y todo texto puede decir lo que el lector imagina, o necesita que diga. Toda traducción es una forma de exégesis. Toda traducción es un acto político.

Para proteger a los clásicos de la contaminación de Sodoma y Gomorra, los traductores de la Edad Media decidieron leerlos con ojos enmendadores. Según el historiador John Boswell, Alcibíades, el atractivo compañero de Sócrates, aparecía ocasionalmente en la literatura medieval como una mujer. En un manuscrito del *Arte de amar*, de Ovidio, la frase original: «El amor de un muchacho me atrae menos», se cambió por: «El amor de un muchacho no me interesa para nada», y el amanuense insiste en el margen: «Así pues, podemos estar seguros de que Ovidio no fue un sodomita». En el Renacimiento, el sobrino de Miguel Ángel transformó los sonetos homosexuales de su tío en poemas heterosexuales cambiando los pronombres amorosos. Los versos persas de Sa'di sufrieron el mismo cambio, igual que los gazal de Hafez de Shiraz. Y hasta hace poco, en las prestigiosas colecciones de la colección Loeb de los clásicos griegos, los pasajes homosexuales no se traducían al inglés, sino al latín. A veces, el traductor tiene que inventar algo para satisfacer al censor: en su traducción de Suetonio, Robert Graves incluyó en la versión inglesa una cláusula inexistente en el original que decía que las leyes romanas prohibían los actos homosexuales.

En otros contextos, se utilizaron estratagemas parecidas para cambiar los significados molestos. En el Tercer Reich se suprimían o se cambiaban los nombres de autores judíos cuando la publicación de sus libros resultaba inevitable. El famoso poema *Die Lorelei*, de Heinrich Heine, se publicó como una canción folclórica de autor anónimo para que un clásico de la literatura alemana no pudiera atribuirse a un judío.

Estos gestos también corresponden a la política de la traducción.

# 9. Orden

La traducción es, por su propia naturaleza, secuencial: una versión se sobrepone a otra como en un palimpsesto y nunca pretende ser la última. Con todo, ansiamos dar etiquetas precisas a las traducciones y etiquetamos unas como literales, otras como versiones libres y otras aun como *«belles infidèles»*, aunque ninguna es solo de un tipo, o no lo es por mucho tiempo. La *Odisea* de Pope fue considerada en su tiempo un experimento malogrado; hoy se la considera un clásico de la literatura inglesa. Las lecturas que hizo Ezra Pound de la poesía anglosajona parecieron imaginativas antes y ahora parecen meramente correctas. La versión de los poemas de Louise Labé de Rilke se leyó en su época como una eficaz traducción, pero hoy sabemos que eran originales de Rilke, inspirados por la poeta de Lyon. Clasificar las traducciones con exactitud parece algo imposible. «Todo el mundo puede ser original y creativo —dijo Brecht—. El desafío está en reescribir a otros».

No cabe duda de que traducir *euthymia*, de Aristóteles, por «bueno»; *arma virumque*, de Virgilio, por «las armas y el hombre» o *Ewig Weibliche*, de Goethe, por el «Eterno Femenino» es correcto, pero *euthymia* denota una cierta dicha que no es evidente en «bueno»; *arma virumque* implica los privilegios de un rango social y sexual que «las armas y el hombre» democratizan; y Goethe no pensaba solo en una cualidad femenina arquetípica, sino también en una jerarquía divina.

Cada lengua se manifiesta de un modo diferente por razones emocionales y gramaticales distintas. Calificar de buena una traducción es una etiqueta burocrática, no estética, y los traductores no son burócratas, a no ser que quieran fracasar. Trabajan casi siempre en secreto, y casi nunca los lectores recuerdan su nombre, ni siquiera cuando, gracias a su talento, un libro cruza las fronteras de su lengua y se convierte en una parte del tesoro de otra nación, como el *Quijote* de Tobias Smolett.

En un relato recogido póstumamente, «Pruebas de la Sagrada Escritura», Kipling describe la colaboración entre Shakespeare y su amigo Ben Johnson en la traducción de la Biblia. «¿Quién va a saber que hemos trabajado en esto? —pregunta Ben

Johnson después de que ambos hayan traducido unos cuantos versículos del libro de Isaías». «Dios, quizá —responde Shakespeare—, si es que alguna vez presta oídos a lo que sucede en la tierra».

# 10. Declarar

Traducir es jurar por el texto original. En las lenguas germánicas, la etimología de *schwur* (*swearing* en inglés) es «responder». Una traducción es una respuesta a las preguntas que formula el original.

En cierto momento de sus *Ensayos* (II:32) Montaigne cuenta la historia de un campesino hispano que, sometido al potro por complicidad en el asesinato del pretor Lucio Pisón, clamaba en su tormento «que sus amigos no lo abandonarían, que lo ayudarían con toda seguridad y que ningún dolor tendría el poder de arrancarle una palabra de confesión». Y no pudieron sacarle más en la primera tarde. Al día siguiente, cuando lo conducían a su segundo suplicio, el campesino se escapó de las manos de sus guardianes y se lanzó con furia contra una pared, donde se dejó los sesos.

Lo que Montaigne no nos cuenta es que el campesino insistía en su derecho no a no declarar, sino a no hacerlo en el latín de sus amos: quería que los romanos respetasen la lengua celtíbera de sus ancestros. Estaba convencido de que, aun negando la acusación sin decir palabra, su silencio se oiría en su propia lengua. Declarar ante un tribunal (incluso ante un tribunal no reconocido o ilegal) requiere la ausencia de intermediarios verbales. El campesino hispano creía que los dioses (los suyos y también aquellos que los soldados romanos habían traído consigo al cruzar los Pirineos) no admitirían la impertinencia de una traducción.

Montaigne no estaba seguro de las ventajas de traducir. Aunque confesaba su ignorancia del griego y del hebreo, y agradecía la posibilidad de leer a los clásicos en francés, juzgaba que las distintas traducciones de la Biblia eran una empresa peligrosa, porque creía que el riesgo de la mala interpretación era aún mayor que el de la impenetrabilidad. En el caso de las Sagradas Escrituras, parece que Montaigne valoraba más la reverencia que la lectura.

Montaigne elogiaba a cierto estudioso portugués, Osório da Fonseca, al que creía el mayor historiador de su época. No sabía que la *magnum opus* de Osório, *De rebus Emanuelis regis*, era una traducción, casi palabra por palabra, de la crónica del rey Manuel I redactada por el ahora olvidado archivero real Damião de Góis.

La traducción leída como una respuesta suele olvidar la pregunta original.

# 11. Historias

Los historiadores del cuento folclórico han querido descubrir las raíces de ciertos relatos en hechos reales (Gilles de Rais habría inspirado Barba Azul; la Bestia de Givaudan, el lobo de Caperucita Roja), pero su territorio parece mal definido. La psicología, cuando indaga en los cuentos de hadas, trabaja en una zona nebulosa: el vocabulario simbólico de nuestra psique (y ese «nuestra» delata ya una intuición de universalidad) se traduce según las convenciones de la tribu a la que pertenece cada individuo, y quién sabe si esas diferentes traducciones de imágenes de miedo, amor, familia, coraje y confianza proceden de un original común e insondable. Ninguna lectura interpretativa de los cuentos de hadas proporciona una explicación única, clara e indiscutible. Parece que nada puede explicar sus fantásticos paisajes, plagados de castillos sangrientos y bosques oscuros y amenazadores. De todos esos intentos de diseccionar y analizar sus mecanismos, y de fijar a Blancanieves y al Gato con Botas en categorías bien etiquetadas, los cuentos de hadas han salido ilesos, prontos para ser nuevamente contados, menos como traducciones de paisajes reales que como inéditos paisajes soñados.

Pero ¿por qué contamos cuentos de hadas?

Tal vez porque no nos gusta ser testigos del derrumbe de las cosas que amamos, hemos imaginado lugares de belleza eterna, lugares como Venecia, de los que el tiempo parece excluido, lugares en los que *sans souci* se convierte en *status quo*.

Durante muchos siglos, los visitantes entraron en Venecia como quien entra en un sueño ajeno, como testigos de algo que parece no tener existencia material, un emblema del tiempo congelado. Puede que fuera esa imagen de la ciudad lo que inspiró a Giambattista Basile, durante su estancia hacia finales del siglo XVI, la versión de *La Bella durmiente*, que tituló *Sol, Luna y Talía*, en la que un hada malvada lanza un hechizo contra la princesa Talía para que muera al pincharse un dedo con una espina de lino. Gracias al contrahechizo de un hada buena, el sueño de la muerte se transforma en un largo y pacífico sopor. En versiones posteriores, la princesa se pincha con un huso y la despierta un beso de amor sincero.

El palacio de Kapilavastu, que el padre de Buda fortificó para que su hijo no presenciara el sufrimiento de este mundo; la abadía del príncipe Próspero, donde supuestamente la Muerte Roja no podía entrar; el monasterio de Shangri-La en lo alto de las montañas del Tíbet; el aposento del castillo del emperador Barbarroja, donde el monarca, antiguo e imperturbado, duerme hasta hoy un sueño sin sueños, todos estos lugares que intentan detener las implacables ruedas del tiempo, han sido traducidos a relatos en todas las literaturas de este mundo.

# 12. Traición

Insistiendo en el antiguo dicho italiano, *traduttore, traditore*, Joachim du Bellay, en el siglo XVI, añadió a la oprobiosa idea de traición la de robo. «¿Y qué decir de algunos, más merecedores de llamarse traidores que traductores, puesto que traicionan a aquellos que se comprometen a hacer explícitos, les roban la gloria y, con los mismos medios, seducen a los lectores ignorantes dándoles gato por liebre?».

Un ejemplo:

Durante la conquista y despojo de México, Hernán Cortés, como Du Bellay, unió en sus campañas el robo, la traducción y la traición. Fray Bartolomé de las Casas, en su *Brevísima relación de la destrucción de las Indias*, cuenta que un día en que Cortés necesitaba comunicarse con los caciques indios, le presentaron a una nativa que hablaba las lenguas de varias regiones. Cortés tenía un lugarteniente español que había aprendido el habla del Yucatán, lengua que la mujer comprendía, además de la de Tabasco. Para comunicarse con los caciques de Tabasco, Cortés daba sus mensajes a su lugarteniente y este se los pasaba a la india en la lengua de Yucatán, que luego los traducía a la lengua tabasqueña. El nombre de aquella mujer era Malinche, aunque los españoles la llamaron Marina. Durante muchos años, la Malinche fue compañera de Cortés, su intérprete y su guía; después de aprovechar sus servicios, Cortés se la regaló a uno de sus oficiales. Más tarde, cuando regresó a España, Cortés se la llevó a vivir de nuevo con él. Cortés y la Malinche tuvieron un hijo al que Cortés quiso mucho y que sería gobernador de Santiago.

Los historiadores han pintado a la Malinche de muchas formas: como una valiente heroína, una infame traidora, una conversa fiel, una astuta espía, una amante concubina y una servidora ejemplar de la corona española. En su condición de puente entre las lenguas de dos mundos, el Viejo y el Nuevo, ni enteramente nativa ni enteramente europea, la Malinche es un emblema del traductor.

El nombre de la Malinche procede del duodécimo mes del calendario azteca, asociado al sur y a los tejidos de caña y cuerda. Traducción, robo, traición: tres tareas que se entretejen en la fundación de la nueva lengua de las Américas.

# 13. Universo

A principios del siglo XII, en Al-Andalus, y a pesar de la censura del régimen almohade, apareció una de esas figuras que lo abarcan todo y definen el universo intelectual de su época. 'Abū Bakr Muhammad ibn 'Abb al-Malik Ibn Tufail al-Qasī, abreviado en Ibn Tufail, fue médico, teólogo y filósofo, y sirvió en la corte del califa de Marrakech. Su obra más famosa es la novela *Carta de Hayy ibn Yaqzan sobre los secretos de la sabiduría oriental*, conocida en Occidente como *El filósofo autodidacta*. El libro, una especie de mágico precursor de *Robinson Crusoe*, cuenta la historia de un niño que crece sin contacto humano en una isla lejana. En la fábula, Ibn Tufail, siguiendo las enseñanzas de Al-Ghazali y Avicena, describe la visión sufí de la mística en diálogo con el racionalismo de Aristóteles. La obra tuvo una enorme influencia en Europa. Pico della

Mirandola, Spinoza, Leibniz, Lessing, y Gracián, entre otros muchos, encontraron en ella una defensa empática de la razón natural, y también un reconocimiento de la importancia de la fe.

El protagonista de *El filósofo autodidacta* es Hayy ibn Yaqzan, un nombre tomado de la obra de Avicena. Hayy debe descifrar el mundo en que ha nacido mediante la razón y los sentimientos, una estrategia con la que alcanzará la iluminación, para luego abandonar el camino de la filosofía que le ha permitido ascender hasta allí. De niño, Hayy fue amamantado por una gacela y aprendió a comportarse traduciendo a su naturaleza humana los hábitos del mundo de su entorno: de los otros animales, los árboles y las plantas, las piedras y las estrellas. Para Hayy, el universo, si se lo lee como es debido, es la traducción a una lengua que él puede comprender. Así la isla se convierte en su biblioteca, un lugar de aprendizaje definido por la inteligencia y la curiosidad de su lector. Más tarde, ya adulto, y habiendo tenido una experiencia mística autodidacta «inexpresable en palabras», se encontrará con otro ser humano, Absal, un aspirante a la iluminación que habita en otra isla, a la que se ha exilado como un ermitaño para hacer examen de conciencia. Absal, que ha oído hablar de la isla de Hayy, deja la suya y se traslada allí para conocerlo. Igual que Robinson con Viernes, Absal enseña a Hayy el lenguaje humano y el uso de los libros, y Hayy descubre que su propia iluminación es similar a la que Absal ha hallado en su biblioteca.

Los dos hombres llegan a la conclusión de que la filosofía, estudiada en la naturaleza o en los libros, es la única herramienta útil, aunque imperfecta, para traducir la experiencia del mundo a una experiencia mística. Tanto la biblioteca de los libros de Absal como la biblioteca de la naturaleza de Hayy están configuradas conforme a las necesidades de sus lectores; ambas son bibliotecas pedagógicas, concebidas para instruir, no para investigar. Si quieres aprender, necesitas saber lo que buscas, y cuando lo que buscas es la iluminación, debes permitir que las respuestas lleguen hasta ti sin formular las preguntas.

Las bibliotecas de Hayy y Absal son traducciones de lo que está más allá de la expresión humana.

# 14. Casa

Dante creía que la traducción no puede mudarse de morada, porque cuando se escribe el texto por primera vez, bien que mal, el ojo de la Musa guía la mano del poeta, y la casa que el poeta construye con palabras tiene exactamente el número de puertas y de ventanas que debe tener, y alcanza la altura que sus andamios requieren. Prefería no leer a Homero (como muchos de sus contemporáneos, no sabía griego) a leerlo bajo un techo traducido, lo que no impidió que concediera al poeta griego el orgullo de ocupar el Noble Castillo del Primer Círculo del *Infierno*, donde las buenas almas precristianas viven en una suerte de tranquila resignación.

«Pero sepan todos que aquello que armonizan las Musas no puede cambiarse de su habla a otra distinta sin romper su dulzura y su armonía —escribió Dante en el *Convivio*—. Tal es la razón [...] por la cual los versos del Salterio carezcan de la armonía y la dulzura de la música, porque se cambiaron del hebreo al griego y del griego al latín, y ya desde la primera mutación perdieron su dulzura». Según Dante, una nueva morada para el texto construida por un traductor es preferible a otra en la cual el original se vea forzado a residir maculándose de incorrecciones.

Siglos más tarde, Voltaire se negaba a creer que un traductor pudiera construir su casa de palabras reproduciendo todos los ladrillos del original: «¡Maldigo a los autores de las traducciones literales, que por transcribir todas y cada una de las palabras les arrebatan su significado! En este caso, ¡bien podemos decir que la letra mata y que el espíritu da la vida!».

# 15. Subversión

En 1578, Margaret Tyler publicó una traducción de la novela española *Primera parte del Espejo de príncipes y caballeros*, de Diego Ortúñez de Calahorra, con el título de *Mirour of Princely Deedes and Knighthood*, donde asumió su derecho de traductora a *audi alteram partem* desde una perspectiva femenina. Tyler destaca en su prefacio la tradición de raptar y violar doncellas en las novelas de caballería escritas por hombres, novelas a veces dedicadas con inconsciente ironía a sus amantes femeninas. Como lectora y traductora de tales novelas, Tyler argumenta lo siguiente:

> Y si los hombres pueden, como así es, ofrecer tales obras a sus damas, las lectoras tendremos que leerlas como dedicadas a nosotras mismas [...] Y digo yo, ¿por qué no intervenir mediante la traducción en tales

argumentos, especialmente cuando, con esta clase de ejercicio, no se trata de pura invención o de exquisitez erudita, sino de prestar mayor atención al texto? [...] Estoy persuadida de que para una mujer es lo mismo escribir una historia que para un hombre dedicarle su historia a una mujer.

Con mucha inteligencia, Tyler introduce en su traducción varios elementos sutiles que cambian el significado de ciertas escenas, como, por ejemplo, cuando Lady Briana perdona a Trebacio, su violador, e, igual que Europa, violada por Zeus, lo acepta como esposo por el bien de las futuras hazañas caballerescas de sus hijos. En el original, el autor dice que Briana lo hizo «como viesse faltar remedio para lo passado» («*as* she saw no remedy for what was past»); en cambio, Tyler traduce: «*when* she saw no remedy for what was past». «*As*» es pasivo, pero «*when*» proporciona a Briana un papel activo y una razón para superar el delito cometido contra ella. En la traducción de Tyler, ni la pasión masculina ni la coartada del matrimonio pueden interpretarse como un consentimiento.

La afirmación femenina de su poder *a posteriori* es un acto subversivo basado en el acto de violencia «ejecutado contra su voluntad» y ahora traducido, sin justificar ni perdonar el acto del violador, en términos femeninos: el mito del rapto traducido a metáfora fundacional.

# 16. Logrado

Generaciones de eruditos trabajan sobre un texto con el objetivo de conseguir una lectura lograda; es decir, una lectura que se acerque lo más posible a la ilusión de un original. Sin embargo, no existen originales enteramente logrados. Dejando a un lado las dudas, las enmiendas y los fallos ante los que se rinde todo escritor en el resignado momento de la publicación, en muchos casos lo que llega a publicarse es solo el último borrador de un proceso de creación interrumpido.

Los cabalistas enseñan que cuando suenen las últimas trompetas todas las lenguas del mundo volverán a fundirse en la que utilizaba Adán para hablar con Dios en el Jardín. Solo en ese momento final se cerrará el abismo que separa lo que queremos decir de lo que decimos, lo que se expresa en un sistema de palabras de lo que luego se reconstruye con vacilaciones en otro, lo que intuimos de lo que comprendemos, lo que brota de la inspiración de lo que llega a realizarse, y solo entonces lograremos entendernos de verdad los unos con los otros.

Lewis Carroll resumió esta vertiginosa idea en el segundo volumen de *Sylvie and Bruno*, cuando dijo que un día estarán escritos todos los libros posibles. «Habrá de llegar la hora —escribió— en que se hayan escrito todos los *libros* posibles, porque el número de *palabras* es finito». Y añadió: «En vez de preguntarse "*¿qué* libro voy a escribir?", un autor se preguntará "*¿cuál* de los libros voy a escribir?"». O traducir.

A partir de ahí, la literatura no existirá.

De los cuatro sabios que, según los últimos comentarios talmúdicos, se ganaron el acceso al *Pardes* (un estado paradisíaco de pureza intelectual en el que fueron capaces de entender con éxito el sentido de la palabra de Dios), Ben Azzai murió, Ben Zoma se volvió loco, Elisha ben Abuyah se convirtió en hereje y solo el rabino Akiva sobrevivió ileso.

Para el rabino Akiva, no hay palabras superfluas en la Torá; eso explica el éxito absoluto de su lenguaje.

# 17. Estrella

Todo traductor sigue su estrella.

Hay una isla en las costas de Nueva Guinea que los exploradores holandeses del siglo XVI llamaron Isla de las Salamandras. Las primeras crónicas refieren que sus nativos eran los más salvajes de la Tierra y que hablaban una lengua maravillosamente distinta a todas las demás. En 1859, un misionero procedente de Ámsterdam se instaló entre ellos con la intención de llevar la palabra de Dios a esas gentes desamparadas. Tardó muchos meses en aprender su lengua y, cuando la dominó, comenzó a traducir para ellos la *Epístola a los efesios* de san Pablo, donde el apóstol ruega a los paganos que sigan a Dios «no sirviendo al ojo, como buscando agradar al hombre, sino como siervos de Cristo». Durante muchos años aquel hombre tradujo las santas palabras a la lengua de los habitantes de la Isla de las Salamandras, tanto de día como de noche. Pero la carne es débil. Uno por uno los nativos cayeron víctimas de una variedad de viruela que el mismo misionero había contraído antes de su viaje. El día en que el misionero completó sus labores y la última palabra de la *Epístola* estuvo escrita en la lengua ajena, el último nativo que quedaba en la isla murió. Fue sepultado por el misionero junto a sus hermanos que habían partido antes que él a lo que llamaban «el mar más allá del mar». El misionero había terminado su traducción en una lengua que, además de él, ya nadie más hablaba.

Todos los traductores siguen su estrella, y lo mismo ocurre con las lenguas.

# 18. Azul

Vemos una flor de aciano y la mente la traduce a la palabra «aciano», y confiamos a esa palabra todo lo que no somos conscientes de ver: la semilla que cae al suelo, el primer intento de las raíces para hundirse en la tierra, el tallo que asciende lentamente hacia el sol, las hojas que se despliegan con delicadeza, el capullo que se abre como un puño azul, los pistilos que exponen descaradamente su erótica intimidad al tacto, los estambres que ofrecen el polen a las abejas, el marchitamiento y la decadencia otoñal, el olor dulzón de la vegetación descompuesta, el ciclo que vuelve a empezar como símbolo de nuestra propia vida. Todo esto es la palabra «aciano», aunque lo único que nosotros veamos sea una manchita azul en un paisaje.

El lenguaje traduce nuestra experiencia, pero no solo la traduce, también la enriquece con todo lo que la experiencia tácitamente implica. Vemos una cosa y la lengua nombra la cosa y su entorno y también el mundo que la contiene, y el tiempo anterior y posterior, y los millares de estrellas de hace mucho tiempo, cuya luz no ha llegado aún hasta a esa cosa que ahora vemos. El único lugar que no podemos ver es el suelo sobre el que estamos parados, y el aciano azul debajo de nuestros pies. La lengua sí puede.

Mucho antes de que los astronautas describieran nuestro mundo como lo veían desde el espacio exterior y trataran de traducir para nosotros, los terrestres, su experiencia aparentemente imposible, Paul Éluard ya había logrado (y sus palabras ya habían traducido) esa visión futura. Escribió:

«La Tierra es azul como una naranja».

# 19. Ley

El escritor escribe. Una cierta idea, una cierta historia llega a la mente del escritor, una imagen, como
un jardincito atisbado una tarde desde la ventanilla
de un tren. Es solo un instante, pero los ojos de la
mente continúan viendo el jardín, que cambia im-
perceptiblemente y va perdiendo su definición. El
escritor intenta poner esa visión en palabras. Rápi-
damente, antes de que el jardín se desvanezca una
segunda vez o se transforme hasta quedar irrecono-
cible, el escritor, eligiendo las palabras para nombrar lo que cree haber visto, traduce el jardín a un
texto que se superpone a la evasiva visión con un término para cada fragmento a la deriva. Un árbol se
convierte en «un árbol», un seto se convierte en «un
seto», una flor se convierte en «una flor». Ahora,
otras palabras ayudan a traducir las tonalidades,
las formas, los contrastes. «Alto», «verde», «brote»,

«oscuro», «bajo», «rojo como un rubí». Las simples palabras no bastan; surgen comparaciones y metáforas para hacer más profundo y más amplio el cuadro. Al final, hay un jardín, pero no es como aquel jardín efímero, que el escritor ya no se recuerda con precisión.

La traducción de la imagen a las palabras depende de un sistema de creación semiinconsciente. Los escritores saben lo que hacen, pero nunca entienden el sistema por completo. A veces pueden explicar el motivo por el que emplean ciertas palabras, pero otras veces no, en cuyo caso inventan. Toda *ars poetica* implica una mentira. La verdad es que el escritor nunca conoce del todo el porqué.

La traducción de un grupo de palabras a otro requiere un sistema algo más estricto, porque hay que tener en cuenta no solo la apariencia, sino también el significado. El traductor debe analizar conscientemente lo que el escritor ha construido en aquella neblina de comprensión precaria. Tiene que aclarar los matices, dar el tono exacto a los énfasis, destejer y volver a tejer las tramas sutiles, esta vez con un motivo explícito. Las leyes de la traducción son más severas que las de la escritura porque las incluyen. La traducción es el tribunal supremo. Aquí no se perdonan los *lapsus linguae*.

En la traducción, el jardín de la primera tarde debe adquirir de nuevo algo de su claridad primordial.

# 20. Hospitalidad

Los lectores creen que sus bibliotecas están compuestas de obras originales. Los lectores francófonos están convencidos de que en sus estantes descansan las obras de Kipling y de Dostoyevski; los lectores anglófonos aseguran que poseen las obras de Proust y de Kawabata; los lectores que hablan japonés, que los ejemplares de Racine y de Shakespeare de su biblioteca son en efecto de Racine y de Shakespeare. Todos estamos tristemente equivocados. Cuando leemos literatura de otras lenguas en la nuestra, no leemos la obra de los autores sino la de los traductores, cuyos nombres, que casi nunca recordamos, pocas veces son reconocidos.

Y, sin embargo, las palabras que forman los libros que nosotros llamamos inolvidables son suyas, no del autor cuyo nombre aparece en la cubierta. Callados, modestos, diligentes, son los traductores los que invitan a entrar en nuestra lengua obras nacidas fuera de las murallas de la ciudad; gracias a ellos, esos escritores cuyas burocracias no les conceden visas adquieren permisos de residencia y el derecho a monumentos nacionales. Gracias a estas medidas, Kafka tiene ahora su Muralla China reconstruida en ese Imperio Medio que él nunca soñó con ver, y el Amadís es reconocido en Bulgaria como un amigo de la familia. Los invitados por breve tiempo a nuestra mesa se convierten en residentes para toda la vida, y lo que fue *allá lejos y hace tiempo* pasa a ser en la traducción *aquí y ahora*.

«Se me pidió que viniera a vuestra lengua —dice el autor traducido a su público—. Se me han dado nuevos trajes, nuevos modales, nuevos rasgos y nueva voz. Se me ha recibido como a un hermano o una hermana y me habéis admitido en vuestra casa al puesto de honor. Ahora mis palabras son vuestras, y cuando me citéis, será bajo mi nueva identidad. Sigo siendo yo, pero también soy otro. Gracias a vosotros se me ha concedido una suerte de modesta inmortalidad».

# 21. *Doppelgänger*

¿Una traducción es el doble del original?

En *El hombre duplicado*, Saramago cuenta la historia de un profesor con el rimbombante nombre de Tertuliano Máximo Afonso que un día, viendo un vídeo como otro cualquiera que le ha recomendado un colega, descubre que uno de los actores secundarios es, aunque más joven, su gemelo idéntico. Tertuliano se obsesiona con la idea de encontrar a esa persona que cree su doble y, después de ver decenas de películas, consigue descubrir el nombre del actor y localizarlo. Al final de la novela, Tertuliano se encuentra con su reflejo. Puesto que las leyes inmutables de la naturaleza impiden que una cosa pueda existir en dos lugares al mismo tiempo, un hombre y su doble no pueden seguir vivos: uno de los dos tendrá que desaparecer para que el orden del universo quede restablecido. Inevitablemente, la novela concluye con una muerte.

Los relatos de dobles son historias de transformación ejemplares en sí mismas, modelos de un todo transformativo que, paradójicamente, nunca cambia. Ovidio resume esta idea en el libro XV de las *Metamorfosis*:

Todas las cosas cambian, nada muere: el espíritu vaga errante y va de allá para acá, de acá para allá y ocupa cualesquiera miembros y de los animales pasa a los cuerpos humanos y a los animales el nuestro, y no perece en ningún momento, y como cera se marca fácilmente con nuevas figuras y no permanece como había sido ni conserva las mismas formas pero, con todo, ella es la misma, así enseño que el alma es siempre la misma pero emigra a distintas figuras.

Somos ambiguos testigos del cambio. Lamentamos que las cosas pasen, que envejezcan y se conviertan en polvo, que un texto leído en la infancia desaparezca en la niebla de nuestra ajada memoria, y, al mismo tiempo, disfrutamos la novedad de lo inesperado, la mezcla de la nieve con los nuevos brotes en las hojas, la reciente traducción de un clásico querido y mal recordado. Calificamos de inquietantes a las transformaciones, pero al mismo tiempo nos alegran las experiencias transformadoras, página tras página. Tememos descubrir en el espejo un rostro que ya no reconocemos, pero admiramos la madurez y la sabiduría que algunas veces llega con la experiencia.

Los alemanes llaman al doble *Doppelgänger*. Una traducción es el *Doppelgänger* del texto original.

# 22. Voz

En muchos casos, un original no es siquiera el original del autor. Los ensayos de Aristóteles son compilaciones de notas tomadas por sus alumnos; la *Eneida* de Virgilio fue acabada, según dice la leyenda, por sus devotos editores póstumos; las obras de Shakespeare proceden de las inseguras copias de los actores. Y aun así, en todos los casos damos por sentado que en el principio hubo un texto tan impecable como el de nuestras pantallas electrónicas, capaces de borrar el pasado de algo que hemos escrito y corregido.

Los traductores se afanan por dar a su obra un eco de la voz original. Reconocer el griego de Aristóteles en italiano; el latín de Horacio en japonés; el inglés de Jane Austen en árabe, son disfraces milagrosos que no siempre suelen lograrse. La mayor parte de las veces, como en el caso del doblaje de

películas extranjeras, ni las características ni los gestos de los actores se adaptan a la nueva voz que el
traductor les ha asignado. El traductor aspira a la
sincronización del tono y el estilo perfectos.

Victor Hugo entendió la relación que hay entre la
voz y la fuente de la voz. Y escribió en *Les contem-
plations*:

Una palabra puede salir de la grieta feroz;
No la pidas. Si el abismo es la boca,
¡Dios mío!, ¿cómo será esa voz?

*[Une parole peut sortir du puits farouche;
Ne la demande pas. Si l'abîme est la bouche,
Ô Dieu, qu'est-ce donc que la voix?]*

# 23. Buen tiempo

La traducción puede ser una forma de censura, de mejora, de privación, de metamorfosis. Y también un instrumento para cambiar el humor, la intención y la moral del texto. Frente al original, el traductor puede optar por eliminar no solo palabras o párrafos, sino también consecuencias y finales. En la traducción de un misericordioso, Cordelia y Lear no tienen por qué morir en el último acto; Don Quijote puede no recordar que es Alonso Quijano y sigue loco; Madame Bovary puede evitar el suicidio, y hasta el adulterio.

En las celebradas traducciones con las que Constance Garnett acercó a los grandes novelistas rusos al público inglés a fines del siglo diecinueve, los infames héroes de Dostoyevski y los balbuceantes canallas de Tolstói se expresan con una claridad de dicción propia de un salón burgués. En la edición de Galland de *Las mil y una noches* no solo se purgaron las escenas más eróticas, sino que también se deslizó un refinamiento bobalicón en la conducta de ladrones y vagabundos. La versión que hizo Enrico Piceni en 1939 de *David Copperfield* evita la jerga vulgar de personajes como el señor Peggotty; con eso eleva su condición social y destruye la intención que tenía Dickens de retratar las diferencias de clase.

Temeroso de que los niños tuvieran miedo (como deben tenerlo) en las noches lúgubres y tormentosas de los cuentos de los Grimm, el traductor español, Gómez Estrada, decidió que la luz brillara en aquellas sombrías regiones. En su versión, Blancanieves huye a través de un soleado bosquecillo, y Hansel y Gretel se pierden en una glorieta primaveral. A Barba Azul le dio una estancia burguesa llena de monedas de oro en lugar de esposas asesinadas, y convirtió al sádico homicida en un mero comerciante, prefiriendo mostrar a los niños el pecado de la avaricia antes del de la lujuria. Elogiadas desde los púlpitos, las versiones de Gómez Estrada acabaron por conocerse como «Los cuentos del buen tiempo».

# 24. Honestidad

¿Qué es una traducción honesta?

Umberto Eco afirmó en cierta ocasión que si él tuviera que encargar una nueva traducción de *Pinocho* al inglés, y el traductor le presentara un texto que empezara diciendo: «En la bella Verona, dos familias, iguales una y otra en abolengo...», se sentiría autorizado a rechazarlo, porque, en tanto que traducción, el nuevo texto no le parecería honesto.

Quizá la traducción no puede ser honesta, ya que necesariamente ha de esconder la apariencia original de un texto bajo una lengua que no es la suya. «Me parece —dice Don Quijote hacia el final de la segunda parte de sus aventuras— que el traducir de una lengua en otra, como no sea de las reinas de las lenguas, griega y latina, es como quien mira los tapices flamencos por el revés, que, aunque se ven las figuras, son llenas de hilos que las oscurecen, y no se ven con la lisura y tez de la haz».

Hacer algo a espaldas de alguien es deshonesto; lo contrario es dar la cara. Los traductores pocas veces dan la suya.

En el siglo XIX, el reverendo Richard Whately acusó desde el púlpito de deshonestidad a sus correligionarios. Sosteniendo un ejemplar de la versión autorizada de la Biblia inglesa, anunció con una voz atronadora: «¡Señores, esto no es la Biblia!». Y ante el sobresalto y el piadoso asombro de sus fieles, añadió con resolución: «¡Esto no es más que una *traducción* de la Biblia!».

# 25. Renacimiento

Toda traducción es un renacimiento.

El texto acabado muere en la página en que el autor escribe la última palabra; la frase final es su sentencia de muerte. A partir de ahí espera su resurrección por obra del futuro lector. El traductor efectúa en el texto una especie de transmigración de almas, porque, traducido, el texto vuelve a la vida en otro cuerpo y bajo otro sol, una y otra vez.

La nueva reencarnación no siempre es feliz. «¡El cielo te bendiga, Lanzadera; el cielo te bendiga! ¡Estás transformado *(translated)*!», le dice Cartabón, el carpintero, a Lanzadera, el tejedor, cuando éste se convierte en asno, en *Sueño de una noche de verano*. Algunas veces el texto renace en la piel de un asno.

Tanto si los resultados son felices como si no, los traductores dan una apariencia al texto, necia o inteligente, que otros, como Cartabón, pueden reconocer como distinta.

Los traductores de la Biblia del rey Jacobo declaran su finalidad en la *Introducción al lector*: «Pero ¿cómo meditarán en esto si no lo entienden? ¿Y cómo entenderán lo que está encerrado en una lengua desconocida? —se preguntan estos doctos parteros—. Y así se lee: *Pero si no conozco el significado de las voces, seré para quien me habla un bárbaro, y el que me habla será un bárbaro para mí*». Y continúan: «La traducción es lo que abre la ventana para que entre la luz; lo que rompe la cáscara para que comamos el fruto; lo que corre la cortina para que miremos el interior del lugar más sagrado; lo que retira la tapa del pozo para que accedamos al agua, como Jacob retiró la piedra del brocal para que abrevara el rebaño de Labán».

De tales gestos, nace el significado.

# 26. Navegación

Los biólogos afirman que somos criaturas marinas que han emigrado a la tierra.

Una de nuestras metáforas más antiguas alude al acto de la creación como la conquista de un mar desconocido. *«Vela dare»*, «hacerse a la vela», dice Virgilio en el segundo libro de las *Geórgicas*. Y luego, acabando la obra, habla de *«vela trahere»*, «arriar velas». Este movimiento circular, principio y final del acto de navegar, es fundamental para la idea del viaje a través de un texto. El hecho de escribir lleva implícita su conclusión, y su punto de partida da por descontado un punto de llegada. Toda narrativa declara: «En mi fin está mi principio», el epitafio escogido por María Estuardo, Reina de Escocia. Una vez llegado, el protagonista viajero volverá a comenzar el viaje contándole sus aventuras al lector.

La traducción es un dar marcha atrás al rumbo que tomó el primer explorador. En el mar no queda ni siquiera la estela de ese viaje inicial; no hay más mapas que los de la crónica que el viajero elabora una vez llegado a buen puerto. Más tarde, cuando persigue las palabras por la página, el traductor debe guiarse cartografiando el texto mediante las corrientes y las estrellas. Se dice que los marinos polinesios son capaces de leer el mar sumergiendo las manos en las olas. Así, los traductores perciben la dirección que pretende tomar el original, los remolinos que ha esquivado, las tormentas que ha evitado, los bajíos que quedan por delante. El traductor comparte los peligros que afrontó el escritor, pero puede aprender de la experiencia de éste lo que debe hacer y lo que no, cuándo hacerse a la vela y cuándo arriarlas, y cuándo dejarse hundir en las profundidades insondables.

«Todo hombre nacido cae en uno u otro ensueño como quien cae en el mar. Si se esfuerza para salir fuera del agua, al aire libre, como la gente inexperta intenta hacer, se ahoga —escribió Conrad—. La única estrategia eficaz consiste en someterse al destructivo elemento y, gracias al esfuerzo de las manos y los pies en el agua, lograr que el mismo hondísimo mar lo conserve a flote».

El islam habla del «Mar de las Historias». A través de esa extensión infinita viaja el traductor para conquistar el texto inexpugnable.

# 27. Mundo

Se nos ha dicho que cuando el mundo era joven, todos los habitantes de la tierra hablaban la misma lengua y utilizaban las mismas palabras. Capaces de comunicarse claramente el uno con el otro, los seres humanos aunaban esfuerzos y desarrollaban técnicas que les permitían concebir proyectos pasmosos, como el de una ciudad en la que había una torre cuya cúspide llegara a tocar el cielo.

Pero Dios observó a los constructores y reflexionó: «He aquí un pueblo uno, pues tienen todos una lengua sola. Se han propuesto esto, y nada les impedirá llevarlo a cabo. Bajemos, pues, y confundamos su lengua, de modo que no se entiendan unos a otros».

Entonces Dios dispersó a los humanos a los cuatro puntos cardinales, donde las lenguas continúan dividiéndose hasta el día de hoy.

La lengua como unión o las lenguas como barreras para el entendimiento: si Babel fue el instrumento de Dios para impedirnos progresar, entonces la traducción es el medio de recuperar el poder perdido y lograr nuestras gloriosas metas. La maldición divina consistió en fracturar la imaginación, impedir los enlaces del pensamiento común. La traducción vuelve a ensamblar ese lenguaje fragmentado, de modo que la relación entre lenguas no sea una oposición, sino una imitación mutua.

Ya Filón de Alejandría declaraba en el siglo I su inclinación a delegar la responsabilidad literaria y proponía una fuente común para todos los escritores: «Porque el profeta no escribe nada por voluntad propia, sino que interpreta a otro personaje que le dicta todas las palabras que él articula en el preciso instante en que la inspiración se apodera de él».

Según el libro del Génesis, Babel es un juego de palabras del término hebreo *balal*, «confundir». Así pues, el mundo verbal está hecho de palabras nacidas de la confusión, y no debe sorprendernos que, dividido en cada una de las lenguas, le falten fuerzas para nombrar las cosas de este mundo en todo su esplendor. Pero seguimos intentándolo.

# 28. Fuerza

Traducir un texto es forzarlo a someterse a cierta lectura específica.

Un ejemplo:

En 1858, el poeta inglés Edward Fitzgerald envió su traducción del *Rubaiyat* de Omar Jayam al editor de *Fraser's Magazine*. Pasado un año sin tener noticias, pidió que le devolvieran el manuscrito para publicarlo a sus expensas. Como no se vendió ni un solo ejemplar, la obrita acabó en el cajón de saldos de una librería de viejo, donde los poetas Dante Gabriel Rossetti y Algernon Charles Swinburne lo encontraron, lo leyeron y lo proclamaron un clásico. De inmediato, el precio del ejemplar saltó de un penique a una guinea, y continúa a crecer. Gracias a Rossetti y a Swinburne, se salvaron dos reputaciones al mismo tiempo: la de Omar Jayam y la de Edward Fitzgerald, y el *Rubaiyat* se convirtió en una de las obras más citadas y más queridas de la literatura inglesa.

Pero ¿quién es el autor?

Omar Jayam fue un poeta persa del siglo XII, que compuso una serie de *rubais* o cuartetos sobre la fugacidad de la vida humana y los placeres del momento presente. Edward Fitzgerald era un inglés tranquilo, conocedor del griego, el español y el persa, que escribía cartas muy amenas a sus amigos y que nunca viajó al extranjero. Los lectores han unido ambos nombres para referirse al autor del *Rubaiyat*, y es cierto que, si bien el poema original es de Jayam, Fitzgerald transformó y añadió maravillas en su versión inglesa.

Aceptamos que una catedral, una representación dramática o un concierto sean obra de más de un artista, pero raramente atribuimos la autoría colectiva a una obra literaria, sobre todo a una cuyos colaboradores, trabajando en distintos continentes, están separados por una distancia de siete siglos. Valéry propuso que la totalidad de la literatura se considerara obra de un solo Autor que emplea muchos seudónimos y tiene gustos eclécticos. Si tal es el caso, bajo el seudónimo Jayam-Fitzgerald, el Autor compuso una de las grandes obras de la literatura inglesa, que, leída en un sentido, resulta un ejemplo clásico de la sabiduría medieval persa, y leída en otro, un ejemplo típico del orientalismo británico del siglo XIX.

Esa ambigüedad es también su fuerza.

# 29. Cartografía

Los intelectuales chinos de la dinastía Ching comparaban el arte de la traducción con el de la cartografía, donde la representación de los aspectos naturales no es bidimensional e incluye innombrables detalles de animales, árboles y personajes cotidianos. Los mapas en pergaminos chinos del siglo XVIII incluyen la cuarta dimensión del tiempo, ya que los acontecimientos dibujados en el paisaje cartografiado evolucionan de un extremo a otro del rollo: un lado puede representar los eventos de la mañana y el opuesto los de la tarde. Todos los mapas reflejan los puntos cardinales del imperio y la influencia del zodiaco en la totalidad de los acontecimientos terrestres.

Los eruditos chinos observaron que la traducción tiene también esas dimensiones, pues por cada comienzo hay un fin; por cada superficie representada, se debe representar también un volumen; por cada espacio traducido hay un elemento de tiempo. «Puedes traducir una palabra por *oriente* —dicen los sabios— y aun así contar con que el lector también puede pensar en *occidente*». La traducción, como la cartografía, ha de ser precisa y al mismo tiempo, no excluir nada.

Cierta canción de una dinastía anterior dice así:

El arco iris está en el este, nadie se atreve a señalarlo.

Cuando una muchacha se pone en camino, se aleja de su padre, su madre y sus hermanos.

Al alba se levanta una niebla por el oeste, lloverá toda la mañana.

Cuando una muchacha se pone en camino, se aleja de su padre, su madre y sus hermanos.

# 30. Abundancia

Hacia el siglo I a. C., una tribu procedente del sur se asentó en la zona que hoy se llama Chiapas, en México. Se los conocía por el nombre de tzotziles o Pueblo del Murciélago, y siglos después se convirtieron en los grandes suministradores de plumas de quetzal y piedras de ámbar a la capital del imperio azteca, Tenochtitlán.

Los conquistadores españoles convirtieron a los tzotziles en esclavos; muchos tuvieron que dejar su casa y otros fueron vasallos de los terratenientes españoles. Los tzotziles intentaron tres rebeliones que fracasaron, y durante las posteriores reformas agrarias impuestas por Benito Juárez en 1863, el gobierno les quitó incluso las tierras comunales. En su mitología, el Dios de la Tierra es un terrateniente gordo y rico que vive en el subsuelo de la sierra, y los que utilizan sus recursos, madera, piedra o agua, deben compensar al dios con ofrendas ceremoniales.

Según los tzotziles, todas las personas tienen dos almas. El alma interior reside en el corazón y en la sangre, y está compuesta de trece partes, cada una de las cuales puede ser amputada por castigo de los dioses o en un momento de gran pánico, y solo un hechicero es capaz de recuperar la parte perdida mediante rituales de sanación. El alma exterior es un espíritu animal que cada persona comparte con una bestia salvaje: un jaguar, una ardilla o un coyote. Estos espíritus animales son prisioneros de los dioses; si uno de ellos consigue escapar, la persona a la que pertenece sufre un terrible daño y debe recurrir a un hechicero para que devuelva el espíritu a su cautiverio.

El alma interior es única, particular de cada persona; después de la muerte y de un período de purgación, transmigra a un recién nacido del sexo opuesto. El alma exterior es la traducción de la persona misma al mundo material, encarnada en un animal. Las almas emparejadas reciben un nombre que proporciona el animal tutelar, y esos nombres forman un complejo vocabulario en la lengua de los tzotziles.

En enero de 1976, el lexicógrafo estadounidense Robert Laughlin se puso de rodillas ante el magistrado de la ciudad de Zinacantán, en Chiapas, y le mostró un ejemplar que le había llevado catorce años compilar: su gran diccionario tzotzil-inglés. Al ofrecer el diccionario al anciano tzotzil, Laughlin le dijo en la lengua que tan concienzudamente había registrado: «Cuando algún extranjero venga a decirles que son ustedes unos indios brutos, enséñele este libro, por favor, enséñele los miles de palabras que muestran sus conocimientos y su filosofía».

La traducción puede poner al descubierto abundancias secretas.

# 31. Fidelidad

Hay dos teorías clásicas acerca de la traducción. En la primera (expuesta en 1861 por el moralista Francis William Newman, solo para después condenarla) se argumenta que «de ser posible, el lector debería olvidar por completo que se trata de una traducción y dejarse llevar por la ilusión de que está leyendo el original... algo nuevo (si la traducción es al inglés) nacido de una pluma inglesa». En la segunda, defendida con firmeza por el propio Newman, se sostiene que el traductor debía «retener todas las peculiaridades del original, siempre que pueda, tratando sobre todo de que suene lo más extranjera posible»; por lo tanto, el traductor «nunca debe olvidar que está imitando, e imitando algo diferente». Para Newman, el principal deber del traductor «es ser fiel; ése es su deber histórico».

Matthew Arnold, lector empedernido, crítico astuto, educador talentoso y algunas veces buen poeta, señaló que las dos partes del argumento de Newman coincidían en la fidelidad. «Pero la pregunta es ¿en qué consiste la fidelidad?». Con toda lógica, Arnold advertía que, incluso si Newman consiguiera su propósito de conservar «todas las peculiaridades del original», ¿quién podría garantizarle que su resultado se ceñía, por ejemplo, a las estrategias y los hábitos del pensamiento de Homero? «El único tribunal competente en la materia, los griegos mismos —señaló Arnold—, están muertos».

Arnold aconsejaba a los futuros traductores que dejaran de lado ciertas preguntas —si Homero había existido, si había sido uno o varios—, pues, aunque fuera posible contestarlas, no beneficiarían en nada a la traducción. Y tampoco debían dar por sentado que la sensibilidad moderna es aplicable a las historias antiguas: creyeran lo que creyeran los antiguos, nosotros debemos asumir que era algo distinto a lo que creemos hoy. El traductor de Homero debía ser cuatro cosas: fluido en el relato, sencillo y directo en la expresión, sencillo y directo también en el pensamiento y finalmente y por encima de todo, un ser noble. Estas cualidades, reconocía Arnold, son probablemente «demasiado generales para resultar provechosas», salvo para un futuro poeta que deseara ejercitarse en Homero y que «tuviera (si no quisiera fracasar) esa auténtica comprensión de su materia y ese amor desinteresado que son cosas tan raras en la literatura, y por eso mismo, tan preciosas».

# 32. Despertar

Los escritores escriben (o intentan escribir) para todos los tiempos; los traductores, más modestamente, traducen para su generación. Hay un Proust inglés para los eduardianos, otro para los veteranos de la Segunda Guerra Mundial y otro para la Era Electrónica. A los rusos del siglo XIX los han sacado de su último sueño para lectores de la Europa de hoy, y Shakespeare se ha despertado atónito en la China post-Mao. Los nuevos lectores piden nuevas versiones de los clásicos para convertirlos en sus contemporáneos. El oficio de traductor consiste en poner la literatura al día.

Sin embargo, los traductores albergan una secreta esperanza. Tienen que traducir para el aquí y el ahora utilizando vocablos que los autores originales no pudieron conocer, pero con el secreto deseo de obtener algo más. Toda traducción lleva implícita el deseo de ser leída no solo por los lectores de su época, sino también por aquellos cuyas palabras no han sido aún inventadas, palabras nuevas que algún día revelarán nuevos significados.

Los traductores (conscientemente o no) desean traducir para el futuro. Y con ese objetivo, no del todo claro ni siquiera para el traductor, se desliza en la traducción la promesa de una lectura que está aún por llegar, un significado que se abrirá algún día como el capullo de una flor todavía dormida, algo soñado por el traductor para un lector aún no nacido.

# 33. Inteligibilidad

Hay una escena en el *Fausto* de Goethe en la que el venerable doctor decide traducir el Evangelio de San Juan para comprobar si lo entiende. Para superar la frustración que siente por «no saber», se propone descubrir *das Überirdische*, «el significado subyacente», que en ninguna página brilla con más verdad y belleza, dice Fausto, que en el Nuevo Testamento. Para comprender el significado, continúa, va a intentar traducir el texto.

El momento crucial de la escena ocurre cuando Fausto, tratando de captar el significado del término *Wort*, que Lutero, inspirándose en el griego antiguo, tradujo por *logos*. La traducción española tradicional es «palabra».

Escrito está: «En el principio era la Palabra»... Aquí me detengo ya perplejo. ¿Quién me ayuda a proseguir? No puedo en manera alguna dar un valor tan elevado a la palabra; debo traducir esto de otro modo si estoy bien iluminado por el Espíritu. Escrito está: «En el principio era el sentido»… Medito bien la primera línea: que tu pluma no se precipita. ¿Es el pensamiento el que todo lo obra y lo crea? Debiera ser así: «En el principio era la fuerza»… Pero también esta vez, en tanto esto consigno por escrito, algo me advierte ya que no me atenga a ello. El espíritu acude en mi auxilio. De improviso veo la solución, y escribo confiado: «En el principio era la Acción».

Estos tres sentidos (y otros más, desde luego) existen en el término *logos*, que ocupa trece páginas en cuarto menor a dos columnas del *Diccionario de los intraducibles*, de Barbara Cassin. Bajo tales circunstancias ¿cómo puede salir airoso un traductor, incluso un traductor erudito como el doctor Fausto? Fausto hace lo que puede cuando propone tres borradores distintos para el texto, cada uno de los cuales sitúa el acento en una cualidad concreta, y ninguna abarcando el todo. Tal vez Lutero estuvo más cerca de la verdad cuando prefirió *logos* para traducir *Wort*, elección que evita una connotación estricta y propone una validez plurisemántica.

En una carta escrita en 1175 a su traductor y discípulo Samuel ibn Tibbon, Maimónides recomienda seguir la siguiente estrategia:

Todo aquel que quiere traducir de una lengua a otra y pretende transcribir palabra por palabra preservando tanto el orden del texto como el de los términos, sin duda se esfuerza mucho, pero el resultado es confuso y corrupto. No conviene hacerlo así, puesto que para traducir es necesario, en primer lugar, comprender el sentido, y después escribirlo, comentarlo y explicarlo bien en la otra lengua. Esto no es posible sin alterar el orden de las palabras, sin reemplazar una palabra por otras o viceversa, sin añadir o suprimir términos hasta que se fije el sentido.

Esta es la clave que buscaban tanto Lutero como Fausto: «hasta que se fije el sentido» del texto en la lengua a la que se traduce.

# 34. Azar

Lo que llamamos azar es quizás la incapacidad de ver la coherencia de los infinitos puntos que salpican el universo. El universo no tiene urgencia alguna en explicar sus inclinaciones; somos nosotros, los lectores, quienes buscamos entender la historia que se nos brinda.

Hace ya mucho tiempo, decidí traducir al inglés un texto de Borges titulado *La trama* (que, en inglés, significa tanto «The Web» como «The Plot»). Los dos párrafos que lo componen son engañosamente breves. En el primero, se describe en pocas palabras la muerte de Julio César y acaba con la patética exclamación del asesinado al reconocer entre sus asesinos a su querido Bruto: «¡Tú también, hijo mío!».

En el segundo párrafo se lee:

Al destino le agradan las repeticiones, las variantes, las simetrías; diecinueve siglos después, en el sur de la provincia de Buenos Aires, un gaucho es agredido por otros gauchos y, al caer, reconoce a un ahijado suyo y le dice con mansa reconvención y lenta sorpresa (estas palabras hay que oírlas, no leerlas): «¡Pero che!». Lo matan y no sabe que muere para que se repita una escena.

«¡Pero che!» es intraducible. Es una de esas expresiones locales cuyo significado depende no solo del tono y de los gestos, sino de toda una infancia transcurrida en los barrios de Buenos Aires, entre conversaciones en oscuros y melancólicos cafés. Al final, se me ocurrió un inepto *«Come off it!»* que no le hace justicia a la ironía y la tristeza del «¡Pero che!».

Ahora bien, la traducción es el arte de volver a imaginar, en otra lengua y a través de otros ojos, lo que parece que dice un determinado texto. La traducción requiere no solo la inteligencia de un texto por parte de un lector, sino también la construcción de otro texto, uno distinto, que permita a un segundo lector la misma inteligencia. En el mejor de los casos, la traducción es el arte de comprender.

Me consolé pensando que ese «¡Pero che!» existía al margen del lenguaje literario, que técnicamente no era ni siquiera español, sino algo muy cercano a la onomatopeya. Me dije que era imposible traducir «¡Pero che!», como cuando la Reina Roja le dice a Alicia que traduzca *«Fiddle-de-dee»* al francés.

Pero yo había olvidado que la traducción es también el arte del azar. Unos meses después, leí por casualidad la *Breve historia de Inglaterra* de G. K. Chesterton, libro que Borges conocía muy bien. Y de pronto, me topé con las siguientes palabras:

Durante mucho tiempo se creyó que el estado británico fundado por César había sido fundado por Bruto. El contraste entre el austero descubrimiento y la fantástica fundación tiene algo decididamente cómico, como si el «*Et tu Brute*» de César pudiera traducirse por «*What, you here?*».

En español, la perfecta traducción de estas últimas palabras, como sin duda sabía Borges, es desde luego bastante sencilla. «¡Pero che!».

# 35. Tiempo

¿Podemos deshacer la maldición de Babel? Toda palabra requiere un conocimiento del otro, de la capacidad del otro para oír y captar, leer y descifrar un código común, y no existe sociedad alguna sin una lengua compartida. Lo que subyace al mito de Babel es el reconocimiento de que vivir juntos supone utilizar una lengua para estar los unos con los otros, ya que todo lenguaje implica tanto la conciencia de uno mismo como la conciencia de alguien más, la comprensión de que hay un *yo* que transmite información a un *tú* para decir: «Éste soy yo, así es cómo te veo a ti, éstas son las normas y las premisas que nos unen a lo largo y lo ancho del espacio y a través del tiempo». Y mediante el reconocimiento de ese tú, un día será posible contar historias que expliquen lo que queremos decir con «barro» y lo que entendemos por «ladrillo». Mas, como es bien sabido, este noble propósito está repleto de dificulta-des. El verbo «*to be*» tiene dos sentidos en inglés: existir y estar; en español, estos significados se separan y se expresan con dos palabras distintas. Hamlet pudo plantear en seis palabras su abrumadora pregunta porque el príncipe de Dinamarca hablaba inglés; el Segismundo en *La vida es sueño* no pudo hacerlo tan brevemente, aunque sintió la misma angustia existencial. Ambas lenguas están hechas de materias distintas.

El aimara es uno de los idiomas menos conocidos del mundo, a pesar de ser empleado por casi un millón de hablantes en la zona de los Andes que abarca partes de Bolivia, Perú y Chile. El pueblo aimara tiene una comprensión particular del tiempo: para ellos, el pasado está delante y el futuro detrás. El tiempo es para los aimara movimiento, y se expresa de dos formas. Una permite concebir al tiempo que pasa como «movimiento hacia un paisaje», el movimiento del ser nombrado en la primera persona del singular. La otra concibe el tiempo como algo en movimiento, como una serie de «eventos móviles» o secuencia de acontecimientos. Esta segunda concepción del tiempo no supone un hablante individual, pues para los aimara todos los acontecimientos existen en una línea sin fin, los más recientes por delante y los últimos a nuestras espaldas. El hablante de aimara puede concebirse a sí mismo al principio del sendero o moviéndose a lo largo de los extremos. Esto implica una noción del tiempo vinculado con el espacio, semejante a la idea que proponen los astrofísicos de un espacio-tiempo como una dimensión unificada y total.

Casi todas las lenguas conocidas presentan a la primera persona del singular moviéndose del pasado al futuro, de espaldas al primero. El deseo que expresa Banquo en *Macbeth*, «Si podéis penetrar en las simientes del tiempo y predecir qué semilla cuajará y cuál no...», es la expresión de una imposibilidad, porque implica volver la cara al pasado, un gesto castigado por los dioses. Orfeo y la mujer de Lot sufrieron las consecuencias de esta imposibilidad verbal. Pero los aimara hablan de los días futuros como de *qhipa uru*, «los días que están detrás», porque señalan que solo podemos ver el pasado, lo que ya ha sucedido, y no el futuro, que fluye eternamente desde un lugar invisible y secreto. Los aimara creen que irremediablemente nos hallamos en el cauce del tiempo, como en el río de Heráclito, que nunca dijo de dónde a dónde corrían sus aguas. Miguel de Unamuno, que muy probablemente desconocía la existencia de esas gentes remotas, intuyó el concepto aimara del tiempo cuando escribió: «Nocturno el río de las horas fluye desde su manantial, que es el mañana eterno...».

# 36. Adán

Los psicólogos dicen que el cerebro humano busca la narrativa en el caos del universo. Enfrentado a una mezcla de objetos, sensaciones y acontecimientos aleatorios —una silla, el calor de una fogata, una puerta que se abre—, el cerebro se dispone a unirlos y dotarlos de sentido mediante conexiones gramaticales que cuentan una historia: «Una persona entra en una habitación y se sienta junto a la chimenea». Para el cerebro humano, nada debe quedar sin conexión.

Pero caben muchos órdenes. El traductor coloca las cosas que percibe en un orden que no es el mismo que el del primer observador, lo cual es evidente en los espacios de nuestros remotos antepasados. Las cuevas prehistóricas, con sus trozos de huesos, herramientas rotas y entierros, despliegan colecciones de objetos dispares —joyas, juguetes, cerámicas—, lo que pinta un cuadro de los fallecidos vistos por los ojos de los antiguos deudos. En un momento muy lejano de nuestra historia, tales cosas se reunieron con una finalidad concreta: fuese la ambición, la curiosidad, un sentido estético, o una busca intelectual, y tal vez hayan sido el punto de partida de un futuro cuento. Hoy, esos objetos componen para nosotros un cuadro de la vida social de nuestros ancestros que puede ser cierto o no. No importa. Aunque el universo sea caótico, todo en él puede concebirse en un cierto orden. Y entonces, se lo puede traducir.

Tal pudo ser la intención de la divinidad en el relato del Génesis cuando, según los talmudistas, Dios creó el mundo como una especie de armario para guardar sus juguetes. Su regalo a la humanidad fue una suerte de traducción. Cuando, después de modelar a Adán «de la arcilla» y de situarlo en un jardín al este del Edén, Dios trajo ante Adán a todas las criaturas que había creado, le pidió que las tradujera en palabras. Durante siglos, este curioso intercambio ha desconcertado a los eruditos. Las criaturas que Dios había creado ¿tenían un nombre secreto que Adán debía reimaginar y pronunciar? ¿O había en la mente de Dios una lengua concreta que daba ya nombres a los animales y a las aves, nombres que Adán estaba destinado a conocer y a traducir a la lengua del Edén?

Lo cierto es que los hijos de Adán heredaron la pasión traductora de su padre, y se convirtieron en seres obsesivos que desconfían de una lengua única. La experiencia del mundo en que vivimos llega hasta nosotros en una trama que no reconocemos, por razones que no son inteligibles, con una generosidad ciega y despreocupada. Y aun así, pese a toda evidencia contraria, creemos fielmente en el poder de las leyes y del orden. Ansiosamente, colocamos todo en prolijas filas, en compartimentos, en cajones numerados; febrilmente, distribuimos, clasificamos, etiquetamos. Sabemos que, en su caótico desorden, eso que denominamos universo carece de un comienzo que podemos entender y de un final que puede parecernos sensato, de un objetivo que podamos discernir, de un método. De todas maneras, insistimos: debe tener sentido, debe significar algo. Por eso asignamos nombres a las cosas en las lenguas que son las nuestras, para dotarlas de coherencia y de significado.

No aceptaremos la ambigüedad inherente a los objetos que nos dicen, como la voz del arbusto ardiente: «Yo soy el que soy». «Pues muy bien —añadimos—, pero también eres una zarza, una *Primus espinosa*», y la devolvemos a su lugar en el estante.

# 37. Mito

Llega un momento en la historia de la imaginación en que ciertos fantasmas procedentes del mundo que llamamos real adquieren una presencia casi física en el mundo que llamamos ficción. Silenciosamente, un personaje que aparece en un libro de historia se traduce a una presencia real en el ámbito de la fábula, tan sólida como el legendario Preste Juan o el misterioso Paracelso. El protagonista histórico de una batalla o de un viaje, un rey justo o injusto, puede traducirse a materia de leyenda. Después de mucho contar y volverlo a contar, un soldado valiente, un marino osado, un monarca poderoso pierden el nombre con el que nacieron y se convierten en Orlando, Simbad o Gilgamesh. Somos obstinadamente creativos y hacemos con facilidad una montaña de un grano de arena o, como dicen los italianos, de una mosca un elefante.

En la época en que Ariosto componía su poema, cuyo intrincado armazón es tan demencial como su héroe, los nombres de Tristán, Lanzarote y Morgana eran ya de dominio público. Los sicilianos eligieron a Carlomagno para contar una y otra vez sus historias, y prestaron la inmortalidad de sus marionetas, sus *pupi*, al antiguo defensor de la Cristiandad. El resto de Europa giró alrededor de Arturo y los incontables lazos familiares de sus caballeros, que vinculaban a un incierto caudillo británico con Cristo y el Santo Grial. Con lógica poética, Ariosto pensaba que la autenticidad histórica carecía de importancia.

> Aunque el disimular reprehendido
> a veces sea y dé de mala mente
> indicios, muchas veces ya él ha sido
> causa de beneficios evidente.

> [*Quantunque il simular sia le più volte*
> *ripreso, e dia di mala mente indici,*
> *si trouva pur in molte cose e molte*
> *aver fatti evidenti benefici*].

Augusto y los papas del Renacimiento pudieron jactarse de haber sido traducidos a sus identidades futuras gracias a sus lazos de sangre con Eneas y con la propia Venus, y así justificaban las aspiraciones imperiales de Roma. ¿De qué originales po-

drían pretenderse traducidas lo que son hoy las so-
ciedades en las que vivimos? El Reino Unido
post-Brexit ¿será un espejo de Arturo combatiendo
los dragones de la Europa continental? ¿Es Francia
un eco de la terquedad de Juana de Arco o de la de
Jean Valjean? ¿Es la Italia de hoy una versión de las
tribulaciones de Garibaldi o de las de Pinocho? ¿Es
Suiza una imagen de Guillermo Tell o de Heidi?
Traducido a términos políticos, ¿es España hoy una
versión de la ética del Cid o de la moral de Sancho
Panza?

# 38. Muerte

La esperanza de resurrección existe en la creación misma de un texto, que vuelve a la vida en un proceso repetido e interminable: un lector tras otro abre el libro en la primera página y los sucesivos renacimientos que efectúan estos lectores pasan a formar parte del texto en sí. Nunca leemos el texto original: leemos un palimpsesto de lecturas y relecturas.

Pero antes, el texto debe morir.

Cuenta Jean-Paul Sartre que cuando tenía cinco años se dio cuenta de que la Muerte lo observaba con las narices pegadas a la ventana. A partir de entonces, todas las noches en la cama tuvo una cita secreta con la Muerte. Sartre estaba convencido de que debía realizar un cierto ritual: tenía que dormir del lado izquierdo, de cara a la pared y, todo tembloroso, tenía que esperar que la Muerte apareciera. Cuando aparecía, la Muerte vestía la forma tradicional de esqueleto con su guadaña. Solo después de haberla visto Sartre sentía que tenía permiso para volverse del lado derecho. Entonces, la Muerte desaparecía y él podía conciliar el sueño.

Es el ritual que todo traductor debe cumplir: dejar que la Muerte aparezca en el texto, con letras pálidas e inanimadas y el último aliento exhalado. Solo entonces, cuando se haya verificado la presencia de la Muerte, el traductor recibe el permiso de volver la última página y empezar en la primera.

# 39. Copia

Cuando son conscientes de que están leyendo textos traducidos, los lectores tratan esos textos como
meras invenciones, copias falsas, obras que preten-
den hacerse pasar por auténticas. Este curioso fenó-
meno atañe a toda relación que entablamos con una
obra de arte. Nunca es perfecta nuestra mirada. Si
nos dicen que una tela es de Vermeer, reaccionamos
de una manera, pero si nos dicen que esa misma tela
es una copia, reaccionamos de otra. En la tela no ha
cambiado nada. Son nuestras circunstancias o el conocimiento de las circunstancias de la tela lo que
cambian, y que ahora la tela ya no será la misma.

¿Qué nos revela esta reacción sobre nuestro juicio
estético? ¿Cómo es posible que un cambio en la información circunstancial sobre una obra altere
nuestro juicio, ya que la tela misma no depende de
que tengamos o no tal información? Color, forma,

proporción, ejecución, no son entonces los únicos componentes que informan nuestro juicio o, en el caso del texto, la elección de ciertas palabras, su orden, su musicalidad, el hecho de que se respeten o no las normas gramaticales de la lengua. En ese caso, si sustituyéramos en un texto las palabras, el orden, la musicalidad, las normas gramaticales, la sintaxis, sería lícito juzgarlo, a través de una nueva información también circunstancial, sin compararlo con el original, solo por los nuevos elementos, como una obra que ya no se ha creado como imitación o impostura, sino como algo nuevo, una obra de arte en sí misma. Tales lecturas no son imposibles. Arno Schmidt, por ejemplo, transformó las rocambolescas novelas decimonónicas de Bulwer Lytton en estilizados textos modernos gracias a sus traducciones, y Eduardo De Filippo convirtió *La tempestad*, de Shakespeare, en un lujurioso drama napolitano. ¿Por qué parece permisible que Daniel Defoe convierta en el diario de Robinson Crusoe la insulsa crónica que hizo Alexander Selkirk de sus infortunios, y no que Marguerite Yourcenar haga suya una antología de los *negro spirituals* del sur de Estados Unidos?

Desde luego, algunas veces el procedimiento no da frutos que merezcan la pena. En el siglo II a. C., Terencio criticaba a su colega Plauto, del siglo anterior, porque «traduce bien, pero escribe mal y por eso hace de las comedias griegas unas comedias latinas que buenas no son». Terencio diferenciaba la traducción de la escritura, pero, al mismo tiempo, daba por sentado que si Plauto hubiera «escrito bien», sus comedias, aun siendo traducciones, habrían resultado «buenas» obras en los dos campos literarios.

Aquí la idea de traducción como impostura ya no es admisible.

# 40. Arquetipo

Platón tachaba de falsa toda creación artística por no ser la original, un original que a su vez copia un arquetipo inefable. Así inventó el mito de la caverna para explicar que el mundo que llamamos realidad no es sino un ejército de sombras proyectadas en un muro. En tal caso, la traducción es la sombra de una sombra o, en términos platónicos, la sombra de una sombra de una sombra, ya que (siguiendo la lógica de Platón) copia la copia literaria de la copia del arquetipo que es el mundo en el que vivimos.

En un apéndice a su libro de poemas, *Diván de Oriente y Occidente*, Goethe declara que hay tres tipos de traducción: el primero familiariza al lector con lo extranjero, sobre todo a través de las versiones literales como la que hizo Lutero de la Biblia; el segundo busca «vicarios» en su propia lengua, y llega a inventar términos que sustituyen a los del original para «cosechar en su propio terreno —dice Goethe— frutos ajenos»; en el tercero, la traducción, no es ni exacta ni descuidada, ni literal ni fantasiosa, sino que aspira a lograr la calidad existencial del original, y no pretende reemplazarlo, sino busca tener su mismo valor o peso (*Gelten*). Es curioso que Goethe, el mismo que acusa al traductor de ser un falsificador, afirme que una traducción puede no ser ya una copia buena o mala de un texto bueno o malo, sino una obra de arte con los mismos méritos estéticos y literarios.

Pierre Menard corrige a Goethe. El nuevo texto, aunque sea idéntico, no puede tener los mismos méritos. Como lectores, el hecho de que conozcamos las circunstancias de los dos nos impide leer una traducción con ojos inocentes. En cuanto sabemos que se trata de un texto traducido, el juicio adopta nuevos parámetros y pocas veces concedemos al traductor las cualidades que concedemos al autor. La originalidad de la trama, la vitalidad de los personajes, la profundidad del pensamiento son méritos que atribuimos (o negamos) al autor; el dominio del idioma, la claridad, la inteligibilidad son méritos que negamos (o atribuimos) al traductor. Las características estéticas y literarias no pueden ser las mismas en el original y en la traducción, como quería Goethe, porque los aspectos que nos importan en el uno no son los que nos importan en la otra.

El lector siempre es caprichoso.

# 41. Cadena

Borges proponía que una traducción debería considerarse otro borrador del original escrito en una lengua distinta. En tal caso, una traducción sería sencillamente otro eslabón en la cadena de creación, ni mejor ni peor que otro borrador, solo distinto. No debería admitirse la idea de progresión, porque el nuevo texto sería una especie de cambio de vestimenta del inefable texto esencial, construido a fuerza de capas de revisiones y mudanzas de sentido. Esta idea nos permitiría acoplar todas y cada una de las artes, unir la escritura con la pintura, la pintura con la música, la música con el teatro. Las interpretaciones que hicieron Stephen Sondheim del cuadro de Seurat, *Un domingo en la Grand Jatte*, y Leonard Bernstein de *Romeo y Julieta* en *West Side Story*; el irónico resumen de la *Divina Comedia*, de Dante, debido a Beckett; los comentarios musicales de Mussorgski sobre los cuadros de Viktor Gartman; las ilustraciones de Doré para el poema de Ariosto; las versiones de Marianne Moore de La Fontaine; y la novela que hizo Thomas Mann a partir de la música de Gustav Schoenberg, serían ejemplos de esta generosa definición del acto de traducir.

En cierta ocasión, Adolfo Bioy Casares propuso una cadena infinita de obras artísticas y sus comentarios que empezaba con *Coplas a la muerte de su padre* de Manrique, y acababa con una estatua al compositor de una sinfonía basada en la obra de teatro inspirada en el retrato del traductor del poema. Cada obra de arte crece a partir de incontables capas de lecturas, y cada lector va levantando esas capas con la intención de descubrir la obra verdadera, y así descifrar su «valor». En esta última lectura estamos solos.

# 42. Retrato

La fotografía es el arte de la definición. Ya se trate de un fotógrafo objetivo o de uno caprichoso, moderado o parcial, imparcial o tendencioso, experto o aficionado, el ojo de su cámara determina la existencia de una cierta realidad que, para el observador, se convierte en realidad, como nuestros cuentos se convierten en lo que llamamos la historia. Ningún escepticismo es eficaz ante la convicción que ofrece la imagen fotográfica. La mente sabe que existen otras formas de ver, otros aspectos de la realidad, otras actitudes y otras poses, pero aun así cree ciegamente en lo que la cámara fotográfica le propone: si la cámara lo ha visto, debe ser cierto. La imagen fotográfica parece siempre definitiva.

Y sin duda éste es el caso cuando se trata de traducción. Se da por descontado que el original es la verdad: la traducción (como la fotografía) es testigo de esa verdad. Los humanos estamos convencidos de tener una sola y única faz, pero la fotografía dice lo contrario. Los miles de rostros únicos que, a lo largo de la vida, la cámara capta, desde la infancia hasta ese último rostro que nosotros mismos nunca veremos, componen un rostro múltiple y caleidoscópico que nunca se sujeta del todo al rostro que podemos llamar nuestro. ¿Quién es esa gente allí retratada?, nos preguntamos hojeando un álbum que nos devuelve nuestras caras. ¿Cómo es posible que tantos rasgos distintos, tantos tonos de piel, tantas miradas y gestos, pertenezcan a esa persona única que llamamos «yo»? Nunca fue tan cierta la sentencia de Rimbaud como en el caso de nuestras fotografías. El «yo» fotografiado es siempre otro. Igual que el «yo» traducido.

Pero no cualquier otro. Frente al lector que sostiene en sus manos un cierto libro, la lente del fotógrafo (y la pluma del traductor) observa y elige. El modelo puede ser el mismo, una y otra vez, cambiando de posición y de actitud según los caprichos y las estaciones, y el libro puede ser distinto, pero el ojo del traductor (o de la cámara) capta un instante en concreto, en una lengua diferente, un «yo» seleccionado de ese sujeto infinitamente plural. Puede ser que, gracias a la perspicacia y al talento del traductor (o del fotógrafo), viendo nuestro «yo» seleccionado traducido negro sobre blanco, lleguemos a reconocer o aceptar un texto que llamaremos nuestro, pero detrás de todo retrato hay secuencias de otros que le ruegan al espectador: «¡Elígeme! ¡No me olvides! ¡Yo también existo! ¡Yo también soy yo!».

Los retratos, decimos, son espejos, y los espejos, como sabemos, mienten siempre. Las traducciones son (o pueden ser) espejos que reflejan lo que deseamos o lo que tememos que se refleje, y a través de los tiempos, en los cuentos de hadas, en las leyendas y las fábulas morales, los espejos han sido fuente de deseos secretos, defectos ocultos, visiones futuras y alarmantes revelaciones sobre los protagonistas. Los judíos cubren los espejos durante el período de luto para no distraerse viendo su apariencia mundana en la hora de aflicción. Los cristianos han visto en el espejo el símbolo de una vanidad pecaminosa, y la iconografía medieval está repleta de demonios que sostienen espejos para que la bella vea que detrás de la rosa está el gusano que nunca muere. Para el islam, los espejos son símbolos de conocimiento de uno mismo, y con el nombre de *mir'ât hindiya* («espejos indios»), el folclore popular islámico atribuye poderes oscuros y peligrosos al reflejo en el cristal, porque puede revelar los mecanismos interiores del alma. El gran filósofo Al-Ghazali invirtió la imagen y concibió al alma como un espejo oxidado, incapaz de reflejar el esplendor del Creador. Como dijo san Pablo, «Ahora vemos por espejo, oscuramente; mas entonces veremos cara a cara. Ahora conozco en parte; pero entonces conoceré como fui conocido». Así sucede con las traducciones.

¿Cuánto puede alterar una traducción el retrato original?

Trabajando con Bioy Casares en el *Libro del cielo y del infierno*, Borges encontró un texto breve en el *Diccionario del Islam* (1886), de Thomas P. Hughes, sobre un árabe que al encontrarse con el Profeta, le pregunta si existen caballos en el paraíso, porque a él le gustan mucho los caballos. El Profeta le responde que sí hay caballos en el paraíso y que tienen alas y puedes montarlos para ir adonde deseas. El texto de Hughes acaba aquí. Borges y Bioy lo tradujeron y le inventaron la conclusión: «El hombre replicó: "Los caballos que a mí me gustan no tienen alas"».

# 43. Sombra

Las aventuras de Peter Schlemihl, el célebre personaje de Adelbert von Chamisso, acaban más o menos abruptamente hacia la mitad del libro, después de un apasionante comienzo en el que el héroe, buscando resolver sus numerosos problemas, se encuentra con un Hombre Gris y le entrega su sombra a cambio de un bolso que se llena continuamente de monedas de oro. Pero este trueque le acarrea el temor y la burla de sus semejantes, y la pérdida del amor de la mujer que adora. Schlemihl se da cuenta que ha caído en manos de su criado, cuyo significativo apelativo es Granuja. Granuja le dice a su amo: «Con un hombre sin sombra, no quiero tener nada que ver». Al final de sus aventuras, Peter Schlemihl se niega a entregar su alma para recuperar la sombra perdida.

Toda traducción es la sombra del texto original. En su obra *Aion*, Carl Gustav Jung dice: «Nadie llega a ser consciente de su sombra sin un considerable esfuerzo moral». Chamisso puede replicar con las primeras palabras que el Hombre Gris dirige a Peter Schlemihl: «He tenido ocasión de ver con una inefable admiración la bellísima sombra que usted arroja en el sol, con un doble desdén, por así decirlo, sin advertirlo siquiera».

Según Chamisso, una sombra puede cambiarse por un bolso de monedas de oro, como en el primer trato con el demonio, o por el alma, como en la segunda oferta rechazada. En la mente del lector queda la impresión de que la sombra es al mismo tiempo lo opuesto y lo equivalente a ese oro, y lo opuesto y lo equivalente a esa alma. Podemos tal vez decir que una traducción es, como la sombra de Peter Schlemihl, una cualidad humana que yace entre nuestros deseos más ocultos y nuestros valores más elevados.

Una buena traducción es quizá ese milagro que devuelve su sombra al original. Turguénev lo expresó así: «El hombre, cuando reza, pide siempre un milagro. Toda oración se reduce a esto: "Dios mío, haz que dos y dos no sean cuatro"».

# 44. Modestia

Los traductores deben ser los mejores lectores.

Ezra Pound elogiaba la traducción que hizo Arthur Golding en el siglo XVI de las *Metamorfosis*, de Ovidio, por considerarla una de las obras más logradas de la literatura inglesa. En cuanto a la traducción que hizo Cortázar de los cuentos de Poe, es hoy para el lector español el perfecto equivalente del original. Golding y Cortázar no se limitaron a traducir (en el sentido medieval ya mencionado de *traslatio*), sino en el sentido de *revelatio* propuesto por san Jerónimo, el acto de revelar al lector palabras en otra lengua sin sacrificar su misterio. Fue el motivo por el cual san Jerónimo rechazó la versión griega de la Biblia de Aquila de Sínope: «Es un intérprete meticuloso —dice Jerónimo—, que no solo traduce las palabras, sino también las etimologías». Para Jerónimo, no solo no se puede traducir la integridad semántica de un texto, no se debe traducir. Solo las traducciones mediocres revelan todo o casi todo del texto original, todas las secuencias de palabras, todas las comas, todos los vocablos, todas las erratas, todas las vergüenzas. Las buenas no.

Las obras maestras son en gran medida misteriosas: no lo explican todo, ni concluyen del todo, no predican. Por eso seguimos leyéndolas, porque siempre dejan algo pendiente por descubrir; estas zonas de sombra deben seguir existiendo en las buenas traducciones. Un traductor que ha aprendido su oficio conoce mejor que el propio autor la obra que está traduciendo, pero su misión no es exponer esos engranajes secretos a la luz, sino dar por sentado que son secretos. Debe poner en otras palabras lo que parece decir y preservar implícitamente lo que tienen de indecible.

Tal vez sea ésta la diferencia entre las buenas y las malas traducciones. Las malas lo muestran todo y, por tanto, parecen espurias; las buenas son más púdicas y confían en la intuición creativa del lector para leer entre líneas.

El buen lector se halla a ambos lados de la página.